NOEMI HOLZMANN

# FINALLY HAPPY

Umgang mit negativen Emotionen — Ratgeber für
Teenager für ein ausgeglichenes, glückliches und
angstfreies Leben

novum pro

Dieses Buch ist auch als
e-book
erhältlich.

www.novumverlag.com

Bibliografische Information
der Deutschen Nationalbibliothek:

Die Deutsche Nationalbibliothek
verzeichnet diese Publikation in
der Deutschen Nationalbibliografie.
Detaillierte bibliografische Daten
sind im Internet über
http://www.d-nb.de abrufbar.

Gedruckt in der Europäischen Union
auf umweltfreundlichem, chlor- und
säurefrei gebleichtem Papier.

© 2024 novum Verlag

ISBN 978-3-99146-767-0
Lektorat: Juliane Johannsen
Umschlagfoto:
Iuliia Burmistrova I Dreamstime.com
Umschlaggestaltung, Layout & Satz:
novum Verlag
Innenabbildungen:
siehe Bildquellennachweis S. 6

Die von der Autorin zur Verfügung
gestellten Abbildungen wurden in der
bestmöglichen Qualität gedruckt.

**www.novumverlag.com**

Druckprodukt mit finanziellem
Klimabeitrag
ClimatePartner.com/16547-2311-1001

# INHALTSVERZEICHNIS

# PROLOG

Dieses Buch ist für alle gemacht, die gerne ihr Leben in die Hand nehmen wollen für eine möglichst angstfreie und positive Zukunft. Falls du gezielt und motiviert damit arbeitest, wirst du sehr bald Veränderung spüren.

Viele negative Emotionen und Ängste prägten bereits sehr früh meinen Alltag. Schon oft habe ich mit verschiedenen Therapien versucht, diese Ängste zu lösen, was mir oft nur für eine kurze Zeit gelungen ist.

Als meine Mutter den Kurs für mentales Gesundheitscoaching abschloss und meine Abschlussarbeit in der Schule immer näher rückte, sah ich meine Chance.

Mittlerweile, nachdem ich dieses Buch geschrieben habe und alle Techniken angewendet habe, geht es mir zu 100 % besser als vorher.

Ich bin zwar noch nicht ganz an meinem Ziel angelangt, aber ich mache weiter und werde es bald erreicht haben.

# Aufbau des Buches

Als Erstes habe ich alle negativen Emotionen aufgeschrieben und Tipps erwähnt, wie du sie positiv umwandeln kannst. Z. B. Angst kann Wut auslösen und Wut auch Angst, die verschiedenen Gefühle hängen oft zusammen.

Im Buch kommen nach den negativen Emotionen die Techniken, die du gegen die Angst und die negativen Emotionen anwenden kannst.

NR. 01

«DIE REINSTE FORM DES WAHNSINNS IST ES, ALLES BEIM ALTEN ZU LASSEN UND ZU HOFFEN, DASS SICH ETWAS ÄNDERT.»

Albert Einstein

Am Schluss findest du ein paar Challenges als Herausforderung!

Wende alle Techniken an und finde heraus, welche dir am besten helfen.

Ich wünsche dir viel Spaß und hoffe, dass du dich schon bald so gut fühlst, wie ich mich fühle!

# ANGST

«Angst ist nicht mehr als die Vorahnung, dass irgend-etwas in nächster Zeit geschehen wird, auf das man besser vorbereitet sein sollte – frei nach dem Pfadfindermotto: ‹Allzeit bereit›. Wir müssen entweder dafür gerüstet sein, eine Situation zu bewältigen, oder etwas zu unternehmen, um sie zu ändern.»[1]

Die Angst hat auch eine sehr wichtige Funktion. Sie ist ein aktivierender Schutz- und Überlebensmechanismus, der in Gefahrensituationen ein angemessenes Verhalten einleitet. Zu viel Angst kann das Handeln im Alltag blockieren. Zu wenig Angst kann reelle Gefahren und Risiken ausblenden. Angst vor einer bestimmten Situation oder einem bestimmten Objekt nennt man Phobie. Angst auf die tatsächliche Bedrohungslage bezogen nennt man Angststörung.

---

1 Anthony Robbins, Das Robbins Power Prinzip, Befreie die innere Kraft, Berlin, 2021, S. 277

Die körperlichen Reaktionen sind bei jedem sehr unterschiedlich. Oft genannte Symptome sind zum Beispiel: Herzrasen, Schwindel, Meiden von Orten/bestimmten Situationen, Unbehagen …

Du kannst die Angst bewältigen, indem du die Geschenke, die das Leben und andere Menschen für dich bereithalten, dankbar entgegennimmst.

## *Aus Angst wird Dankbarkeit*

NR. 02

«WENN DU GLAUBST,
DASS DU ETWAS TUN KANNST,
DANN KANNST DU ES TUN.»

Claude M. Bristol

# WUT

«Die Botschaft der Wut lautet, daß jemand – vielleicht sogar Sie selbst – gegen eine wichtige Regel oder einen Grundsatz in Ihrem Leben verstoßen hat.»[2]

Wut ist eine sehr heftige Emotion und häufig auch eine impulsive und aggressive Reaktion. Ausgelöst wird sie durch eine unangenehm empfundene Situation oder Bemerkung.

Wissenschaftliche Studien zeigen, dass unterdrückte Wut Krankheiten hervorrufen kann. Das ständige Ausleben von Aggressionen verkleinert das Risiko aber nicht. Es nimmt sogar noch zu! Daher wird empfohlen Wut angemessen ausdrücken, z. B. mit einem kreativen Ausdruck.

2 Anthony Robbins, Das Robbins Power Prinzip, Befreie die innere Kraft, Berlin, 2021, S. 279

Du kannst die Wut reduzieren und loswerden, indem du in deinem Leben mit Faszination und Leidenschaft weitergehst.

## Aus Wut wird Faszination und Leidenschaft

NR. 03

«LEBEN BESTEHET ZU 10 %
AUS DEM, WAS DIR PASSIERT,
UND ZU 90 % DARAUS,
WIE DU DARAUF REAGIERST.»

*Charles Swindoll*

# EINSAMKEIT

Bei der Einsamkeit handelt es sich um ein subjektives Gefühl, dass die sozialen Beziehungen und Kontakte nicht die gewünschte Qualität haben. Wahrscheinlich kennen alle Menschen dieses Gefühl. Die Botschaft lautet, «daß Sie den Kontakt zu anderen Menschen intensivieren müssen.»[3]

Es gibt verschiedene Arten von Einsamkeit.

- Emotionale Einsamkeit: Mangel einer sehr engen Beziehung
- Soziale Einsamkeit: Mangel an Freundschaften und weiteren persönlichen Beziehungen
- Kollektive Einsamkeit: Gefühl der fehlenden Zugehörigkeit einer größeren Gemeinschaft oder Gesellschaft

---

3 Anthony Robbins, Das Robbins Power Prinzip, Befreie die innere Kraft, Berlin, 2021, S. 284

Überlege, mit welchen Menschen du gerne Kontakt haben möchtest und wie der Kontakt sein soll.

Ergreife selbst die Initiative und nehme mit den gewünschten Menschen Kontakt auf. Es gibt überall Menschen, zu denen du ein gutes Verhältnis aufbauen kannst.

## *Aus Einsamkeit wird Gemeinsinn*

NR. 04

«FREUNDE GEWINNT MAN NICHT,
MAN ERKENNT SIE.»

Autor unbekannt

# ÜBERFORDERUNG

Die Person wird objektiv überfordert oder hat ein subjektives Gefühl der Überforderung. Bei Überforderung können erhöhte Belastungen nicht mehr kompensiert werden. Unter Umständen sinkt die Belastbarkeit sehr stark. Die Botschaft lautet, «dass Sie nochmals überprüfen müssen, was für Sie in dieser Situation am wichtigsten ist. Der Grund für die Überforderung liegt darin, daß Sie versuchen, zu viele Dinge gleichzeitig anzupacken. Das Gefühl der Überforderung und Ohnmacht zerstört mehr Menschenleben als jede andere Emotion.»[4]

Mache eine Liste mit allen Aufgaben, die du zu erledigen hast. Notiere sie in der Reihenfolge ihrer Wichtigkeit. Das Wichtigste steht an erster Stelle. Nimm die Aufgaben in dieser Reihenfolge in Angriff und beginne die Nächste erst, wenn die Vorhergehende erledigt ist. So kannst du das Gefühl entwickeln, dass du dein Leben im Griff hast.

4 Anthony Robbins, Das Robbins Power Prinzip, Befreie die innere Kraft, Berlin, 2021, S. 284

Außerdem:
- lerne, richtig zu atmen ⇨ Bauchatmung
- schlafe genug
- bewege dich, um Kraft zu tanken

⇨ siehe die 6 körperlichen Grundbedürfnisse

## *Aus Überforderung wird Vitalität*

NR. 05

«DAS LEBEN IST ZU KURZ,
UM TRAURIG ZU SEIN.»

Autor unbekannt

# MINDERWERTIGKEITSGEFÜHL

Die Botschaft lautet, «daß Sie derzeit noch nicht über die Fähigkeiten und Fertigkeiten verfügen, die für die anfallende Aufgabe erforderlich sind. Sie sagt Ihnen, daß Sie mehr Informationen, Erkenntnisse, Strategien, Hilfsmittel oder Selbstvertrauen brauchen.»[5]

Oft wird es heutzutage durch die sozialen Medien verstärkt, da man das Gefühl bekommen kann, nicht gut genug, zu wenig oder zu dick zu sein.

Werde das Minderwertigkeitsgefühl los, indem du deine Leistungen verbesserst. Anerkenne das, was du schon geleistet hast, und geh weiter auf deinem eingeschlagenen Weg. Akzeptiere deine Schwächen und konzentriere dich auf deine Stärken.

---

5 Anthony Robbins, Das Robbins Power Prinzip, Befreie die innere Kraft, Berlin, 2021, S. 282

# Aus Minderwertigkeitsgefühl wird Fröhlichkeit

NR. 06

«DU MUSST NICHT GROSSARTIG SEIN,
UM ETWAS ZU BEGINNEN –
ABER DU MUSST ETWAS BEGINNEN,
UM GROSSARTIG ZU SEIN.»

*Zig Ziglar*

# GEKRÄNKTSEIN

«Das Gefühl des Verletztseins signalisiert uns, daß wir eine bestimmte Erwartung hatten, die nicht erfüllt wurde.»[6]

Oft entsteht es aus dem Gefühl heraus, dass wir einen Verlust erlitten haben.

Werde das Gefühl los, indem du dich fragst, ob die anderen dich wirklich absichtlich kränken oder verletzen wollten.

- Falls nein: super
- Falls ja: erkläre den anderen Personen, wie du dich fühlst und du kannst dich wieder gut fühlen.

Werde wieder neugierig und wissbegierig wie kleine Kinder.

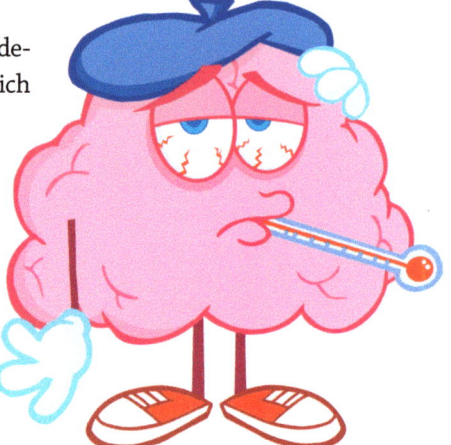

---

6 Anthony Robbins, Das Robbins Power Prinzip, Befreie die innere Kraft, Berlin, 2021, S. 278

## Aus Gekränktsein wird Neugierde

NR. 01

«GLÜCK IST,
WENN MAN DAFÜR GELIEBT WIRD,
WIE MAN EBEN IST.»

François Lelord

21

# UNBEHAGEN

«Gefühle wie Langeweile, Ungeduld, Nervosität, Kummer oder Verlegenheit signalisieren, daß irgend etwas nicht ganz stimmt.»[7]

Unbehagen ist ein sehr unangenehmes Gefühl.

Werde das befremdende Gefühl los, indem du herausfindest, was du wirklich möchtest, und mache es auch!

Reagiere immer liebevoll und herzlich.

*Aus Unbehagen wird Liebe*
*und menschliche Wärme*

NR. 08

_____

«NIMM DAS LEBEN ALS FEST.»

Cicero

---

7 Anthony Robbins, Das Robbins Power Prinzip, Befreie die innere Kraft, Berlin, 2021, S. 276

# FRUSTRATION

«Frustration ist ein aktivierendes Signal. Das bedeutet, daß Ihr Gehirn glaubt, Sie könnten bessere Ergebnisse erzielen, als Sie derzeit vorweisen können.»[8]

Um nicht mehr frustriert zu sein, musst du deine Methoden und Vorgehensweisen ändern, um andere Ergebnisse zu erhalten. Gehe entschlossen und beharrlich auf deinem Weg zum Ziel.

*Aus Frustration wird*
*Entschlossenheit und Beharrlichkeit*

NR. 09

«AUCH AUS STEINEN,
DIE EINEM IN DEN WEG
GELEGT WERDEN,
KANN MAN SCHÖNES BAUEN.»

Johann Wolfgang von Goethe

---

8 Anthony Robbins, Das Robbins Power Prinzip, Befreie die innere Kraft, Berlin, 2021, S. 279

# ENTTÄUSCHUNG

«Das Gefühl der Enttäuschung oder Desillusionierung übermittelt die Botschaft, daß eine Erwartung – ein Ziel, das Sie ernsthaft angestrebt haben – vermutlich nicht in Erfüllung gehen wird. Es ist daher an der Zeit, Ihre Erwartungen zu ändern, sie besser auf die Realität abzustimmen und unverzüglich die Initiative zu ergreifen, um neue Ziele zu setzen und zu realisieren.»[9]

Sei geduldig. Manchmal verzögert sich die Erfüllung eines Wunsches. Finde heraus, was du aus dieser Situation lernen kannst, und passe deinen Plan an, um so dein Ziel zu erreichen.

Blicke positiv in die Zukunft.

## *Aus Enttäuschung wird Flexibilität*

9 Anthony Robbins, Das Robbins Power Prinzip, Befreie die innere Kraft, Berlin, 2021, S. 280

# SCHULDGEFÜHLE

«Schuldgefühle sagen Ihnen, daß Sie gegen einen Ihrer höchsten Maßstäbe verstoßen haben und unverzüglich etwas unternehmen müssen, damit Sie ihm künftig nicht wieder untreu werden.»[10]
Lerne aus der Situation. Finde heraus, was du ändern musst, damit du das nächste Mal in dieser Situation keine Schuldgefühle mehr haben musst.
Begrabe deine Schuldgefühle und fühle dich stark!

*Aus Schuldgefühlen wird Selbstvertrauen*

NR. 10

«WENN DU LIEBST,
WAS DU HAST,
HAST DU ALLES,
WAS DU BRAUCHST.»

mvg Verlag

---

10 Anthony Robbins, Das Robbins Power Prinzip, Befreie die innere Kraft, Berlin 2021, S. 281

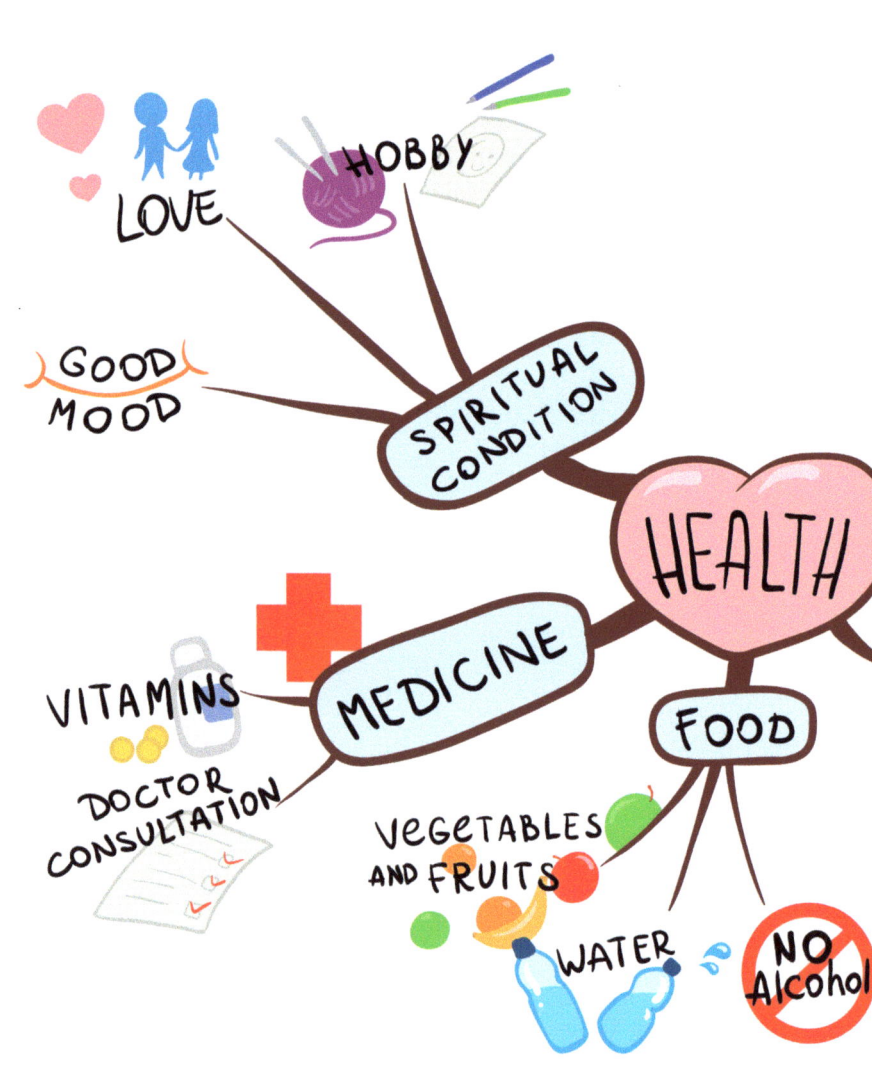

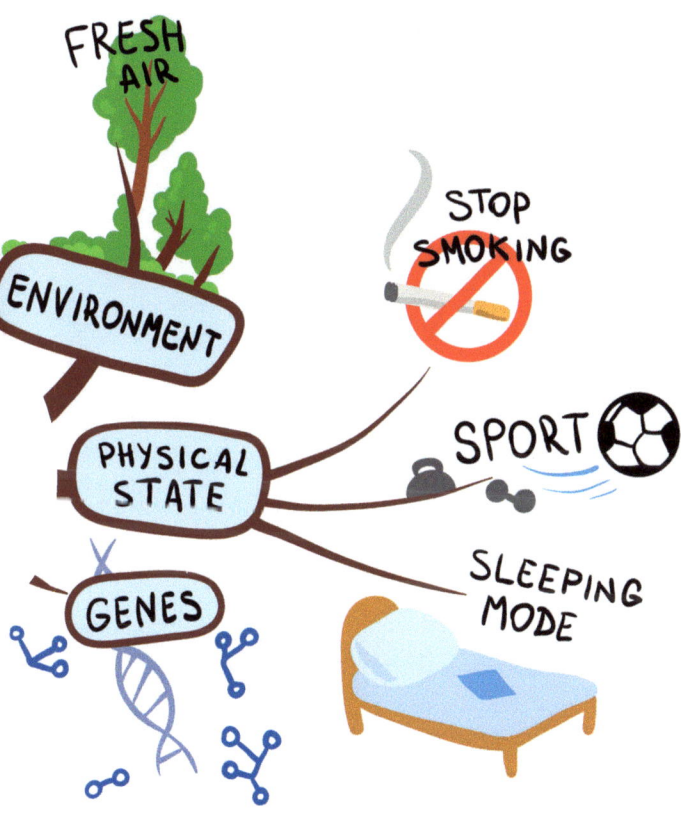

FRESH AIR

ENVIRONMENT

STOP SMOKING

PHYSICAL STATE

SPORT

GENES

SLEEPING MODE

# ZIEL FORMULIEREN

Was ist dein Ziel?
Es sollte dich motivieren, in den nächsten Wochen regelmäßig
an dir zu arbeiten!

Wie möchtest du dich fühlen?

Setze dir ein konkretes Datum, wann du dein Ziel erreicht haben möchtest.

Formuliere daraus einen Satz, der folgendermaßen beginnt: Ich
bin so froh und dankbar dafür, dass ich ab dem ...

(Beispiel: Ich bin so froh und dankbar dafür, dass ich ab dem 1.
Mai 2022 glücklich, ausgeglichen und mutig bin.)

# DANKBARKEITS- UND ERFOLGSJOURNAL

Kaufe dir ein Buch, das dir gut gefällt, und einen passenden Stift.
Schreibe vorne dein Ziel hinein.

Schreibe jeden Abend mindestens 5 Dinge hinein, für die du an
diesem Tag dankbar bist. (Es kann z. B. auch ein Gespräch oder …
sein – nicht nur materielle Dinge!)
Danach wiederholst du immer wieder dein Ziel.

Von hinten beginnst du dein Erfolgsjournal zu schreiben.
Schreibe mindestens 1 Erfolg pro Tag auf und schreibe mit deiner linken Hand (Linkshänder schreiben mit rechts).
So lernst du etwas Neues und hast schon deine erste Herausforderung.
Mache das jeweils, bevor du einschläfst.
Träume beim Einschlafen davon, wie dein Leben aussieht, wenn du dein Ziel erreicht hast, und fühle dich so, als ob du dein Ziel bereits erreicht hättest.

 Sprich jeden Morgen und Abend dein Ziel laut aus, damit deine Ohren es auch hören und dein Körper Begeisterung spürt.

# ABGRENZUNG

Grenze dich bei Situationen, die dir nicht guttun, ab. Z.B. wenn du eine Meinungsverschiedenheit mit jemandem hast und die Person dir sehr verletzende Worte an den Kopf wirft oder es einer dir nahestehenden Person nicht gut geht.

Stelle dir einfach eine Kugel um dich herum vor, an der alle bösen Worte abprallen.

Oder stell dir vor, dass ein Zug die bösen Worte vom einen Ohr zum anderen Ohr bringt, damit sie nicht bei dir ankommen.

Vielleicht hast du auch ein anderes Bild, das dir hilft, dich abzugrenzen.

Du kannst anderen so noch viel besser helfen. Du nimmst einfach ihre negativen Gefühle nicht auf und leidest nicht mit. So kannst du die Situation jeweils von außen betrachten und neutrale Lösungsvorschläge geben.

# GRUNDELEMENTE

Es gibt 6 Grundelemente für die körperliche Gesundheit.
Integriere sie täglich in deinen Alltag!

## 1. Ernährung

Iss saisonal, regional und abwechslungsreich (nimm bei Bedarf
Nahrungsergänzungsmittel ein)

## 2. Wasser

Trinke täglich 1.8 – 2.5 Liter Leitungswasser
Also mindestens 6 Gläser à 3 dl

# 3. Schlaf

Von 13 – 18 Jahren: 8 – 10 Stunden Schlaf pro Nacht,
ab 18 Jahren: 7 – 8 Stunden – beachte regelmäßige Schlafzeiten!

| Datum | Schlafzeit von ............ bis ...... | Wie war es? |
|---|---|---|
| | | |

Notiere mindestens 1 Woche deine Schlafzeiten!

## 4. Bewegung

Bewege dich täglich mindestens 1 Stunde.
Außerdem mache:

- 2 x/Woche Ausdauertraining
  z. B. Fahrradfahren, schwimmen, joggen ...
- 2 x/Woche Krafttraining
  Du findest auf YouTube viele Workouts
  z. B. von Mady Morrison, Pamela Reif ...

## 5. Sonne

Gehe täglich nach draußen ans Tageslicht bzw. an die Sonne.
So kann dein Körper Vitamin D aufnehmen und Glückshormone bilden.

## 6. Frische Luft

Gehe täglich an die frische Luft für mindestens 30 Min. So
stärkst du dein Immunsystem.

Tipp: Grundelemente 4 – 6 kannst du gut kombinieren!

Körperliche Gesundheit ist wichtig, damit man seelisch gesund
werden kann.

Notiere hier mindestens 2 Wochen lang, welche Grundelemente du an welchen Tagen in deinen Alltag eingebaut hast.

| Datum | Grundelemente | | | | | |
|---|---|---|---|---|---|---|
| | 1 | 2 | 3 | 4 | 5 | 6 |
| | | | | | | |

# BILDERTECHNIK

Diese Technik benutzt du am besten unmittelbar nach einer «schlimmen» Situation.

Schließe die Augen.
Stell dir die «schlimme» Situation als Bild vor. Lasse das Bild verblassen, sende es von dir weg oder verbrenne es.

Hole dir eine schöne Erinnerung hervor und lasse dieses Bild ganz nah zu dir kommen.

Vielleicht findest du auch eine Technik, die dir besser gelingt, schicke z. B. die «schlimme» Situation mit einem Ballon, einer Rakete, einem Brief … weg.

# GLAUBENSSÄTZE

«Negative Glaubenssätze sind tiefe, oft unbewusste Überzeu-
gungen, die wir aufgrund von eigenen Erfahrungen, aber auch
von Aussagen der Eltern, Lehrer oder der Gesellschaft über die
Jahre entwickelt haben.»[11]
Diese negativen Selbstaussagen beeinflussen unsere Lebens-
qualität, unser Verhalten, unsere Gefühle und hemmen unser
Potenzial.
Wandle sie in positive Glaubenssätze um, die dich unterstüt-
zen, deine Ziele und Träume zu verwirklichen.

Einige Beispiele:
- Ich kann das nicht. ⇨ Ich kann das.
- Ich bin nichts wert. ⇨ Ich bin wertvoll.
- Ich bin nicht gut genug. ⇨ Ich bin gut, genau so, wie ich bin.
- Ich bin hässlich. ⇨ Ich bin wunderschön!
- Ich bin dumm. ⇨ Ich bin schlau.

---

11  Tanja Gutmann, Glaubenssätze loslassen, Drogistenstern, 2/2022, S. 30

# GEFÜHLE NEUTRALISIEREN

Schließe die Augen.
Fühle in die belastende Situation.

- Wo spürst du das Gefühl?
- Welche Farbe hat es?
- Welche Form?

Mit welchem Hilfsmittel willst du das Gefühl entfernen?
(z. B. Bagger, Schaufel, Staubsauger ...)
Entferne das Gefühl!

Wie entfernst du die Reste?
Entferne sie!

Ist alles weg?
Falls nein:     entferne weiter
Falls ja:       packe das entfernte Gefühl in eine Kiste und
                schick es weg
                (zurück an den Absender)

Womit füllst du das entstandene Loch?
(z. B. Freude, Liebe, Glück, Mut ...)
Füll es!

Fühl noch einmal in die zu Beginn belastende Situation.
Wie geht es dir jetzt?

# LISTE GLÜCKLICH

Schaue dir das Video «Lachen» von Vera Birkenbihl auf YouTube
an und probiere diese Technik aus.

Mache eine lange Liste mit Aktivitäten, die dich glücklich ma-
chen, z. B. tanzen, laut Lieder mitsingen, Freunde treffen, spa-
zieren ...

## Deine Liste

44

# BELOHNUNG FÜR ERFOLGE

Belohne dich regelmäßig für deine Erfolge. Es gibt dir ein gutes Gefühl und motiviert dich, weiterzumachen.

Belohne dich immer verschieden.

Z. B. etwas zum Essen/Trinken kaufen, in den Trampolinpark gehen, Schwimmbad, Kino, etwas backen, mit Freunden etwas unternehmen, Fahrrad-Tour, usw.

Sei kreativ im Belohnen!

# ENTSCHEIDUNGEN TREFFEN

Übe immer wieder, auf dein Herz zu hören und eigene Entscheidungen zu treffen. Keine Entscheidung zu treffen, ist auch eine Entscheidung.

«Lerne aus deinen Fehlentscheidungen. Behalte deine Entscheidungen, aber bleib flexibel auf dem Weg dahin.» (nach Denise Holzmann)

Außerdem muss es dir egal sein, was andere Personen über dich und deine Entscheidungen denken!

Denn es gibt immer Menschen, die nicht einverstanden sind mit dir!

# GEDANKEN SIND FREQUENZEN

Wissenschaftler der Quantenphysik haben bewiesen, dass Gedanken elektromagnetische Impulse sind. Wie bei anderen Frequenzen (z. B. Radio, Handy) gibt es einen Sender und einen Empfänger. Das bedeutet, unsere schlechten Gedanken können andere befremden oder bei ihnen negative Gefühle auslösen.

Positives Denken, um einen besseren mentalen Zustand zu erreichen, lässt sich trainieren.

Das kontinuierliche Training ist sehr wichtig, denn der regelmäßige Fortschritt bringt uns zum Erfolg.

Deshalb ist es sehr wichtig, dass wir möglichst «immer» positiv denken.

Auch in Situationen, in welchen du bis jetzt jeweils negative Erlebnisse hattest, musst du positiv denken. Durch deine positiven Gedanken kannst du die meisten Situationen (z. B. Gespräche) ins Positive drehen.

Vergiss nie das Gesetz der Anziehung: Positives zieht Positives an!

# WORTWAHL

Überlege immer, welche Wörter du benutzt.
«Wörter können Krankheiten verursachen, Wörter können töten.»[12]

Erzähle immer, was du haben willst, nicht, was du NICHT haben willst. Denn wenn ich jetzt z. B. sage, du sollst nicht an den Eiffelturm denken – was passiert dann? Du denkst natürlich an den Eiffelturm.

Suche dir mindestens 3 negative Wörter aus, die du oft benutzt und tausche sie gegen 3 positive (mit ähnlicher Bedeutung) aus, die du neu verwendest.

Nimm mindestens 3 positive Wörter und wandle sie in Superwörter um.

Vergrößere deinen Wortschatz.

---

12 Anthony Robbins, Das Robbins Power Prinzip, Befreie die innere Kraft, Berlin, 2021, S. 243

# Beispiele

### Negativ ⇨ positiv

gestresst ⇨ beschäftigt
wütend ⇨ verstimmt
einsam ⇨ jederzeit verfügbar
ängstlich ⇨ ein wenig beunruhigt
Überforderung ⇨ Herausforderung

### Gute Wörter ⇨ Superwörter

großartig ⇨ absolut umwerfend
glücklich ⇨ ausgeglichen
aufgeregt ⇨ unglaublich
lustig ⇨ putzmunter
zufrieden ⇨ perfekt

### Wortschatz vergrößern

* exzellent
* fantastisch
* phänomenal

# Deine Wörter

## Negativ ⇨ Positiv

_____

_____

_____

_____

## Gute Wörter ⇨ Superwörter

_____

_____

_____

_____

## Wortschatz vergrössern

_____

_____

_____

_____

# AUTOGENES TRAINING

Autogenes Training bewirkt eine Tiefenentspannung der gesamten Skelettmuskulatur.

Dieses Entspannungsverfahren wirkt insbesondere zur Behandlung von vegetativen Störungen.
Es hilft gegen Stress und zum Teil auch gegen Angst.

Ein Beispiel davon ist die Schwereübung.
Anbei der Link: https://youtu.be/n-9z72N-4Kg$

# TRANCE

Die Trance ist der Zustand eines vorübergehend eingeschränkten Bewusstseins. Sie ermöglicht eine «Innenschau». Sie bietet den Zugang zum Unterbewusstsein, um somit tief liegende Ursachen für Ängste, Blockaden und Symptome zu analysieren, zu bearbeiten und zu lösen.

Nur ungefähr 5 % unserer Gedanken sind bewusste Prozesse, die anderen 95 % aller körperlichen und gedanklichen Prozesse finden im Unterbewusstsein statt. Negative Gefühle werden in der Trance willkommen geheißen. Mit der Trance können unbewusste Prozesse bewusst gemacht werden.

Das Erarbeitete kann dann aktiv umgesetzt und in den Alltag integriert werden.

Die folgende Gefühlsmeditation ist ein Beispiel einer «Selbst»-Trance.

# GEFÜHLSMEDITATION

❀ Setze oder lege dich bequem hin.

❀ Atme langsam und tief ein und aus, schließe mit der drit-
ten Ausatmung deine Augen.

❀ Atme 5 x tief ein und aus. Entspanne dich mit jeder Ausatmung noch mehr.

❀ Stell dir vor, dein Körper sei in einer flauschigen Decke der
Entspannung eingehüllt.

❀ Gehe in Gedanken in die «schlimme» Situation. Stell sie dir
vor, als würde sie genau jetzt passieren. Lass alle negativen
Gefühle zu, nimm sie an und spüre sie. Bleibe so lange in
der Situation, bis die Gefühle verblassen und verschwinden.

❀ Denke an eine schöne Situation.

❀ Zähle langsam bis 3 und öffne bei 3 wieder die Augen.

# CHALLENGES

# GEDANKEN- UND WORTWAHL-CHALLENGE

✿ Achte auf deine Wortwahl. Vermeide negative Wörter (siehe Technik Wortwahl).

✿ Vermeide negative Gedanken und Gefühle. Falls sie dennoch auftreten, wandle sie innerhalb von 60 Sekunden in positive um.

✿ Studiere nicht Probleme, sondern suche nach Lösungen.

✿ Die Challenge dauert (mindestens) 10 Tage.

✿ Falls es dir an einem Tag nicht gelingt, die Challenge einzuhalten, beginnen die 10 Tage von vorne.

# HANDY-CHALLENGE

## 1. Woche

Nach dem Frühstück schaltest du dein Handy an.
Am Abend, 1 Stunde nach dem Abendessen, schaltest du es aus und legst es weg!

## 2. Woche

Während des Essens und beim Zusammensein mit anderen Personen darf kein Handy hervorgenommen werden.

## 3. Woche

Handy immer wieder bewusst nicht mitnehmen.
Benutze das Handy maximal 3 Stunden am Tag – mache dir ein eigenes Zeitfenster.
Ausnahme: Dringende Nachrichten anschauen oder googeln auch außerhalb der Zeitfenster erlaubt.

Hast du die Challenge nicht korrekt eingehalten beginnt der jeweilige Abschnitt wieder von vorne.

# VERHALTENS-CHALLENGE

Die Challenge geht mindestens 14 Tage und sollte danach in den Alltag integriert werden. Du wirst dich damit besser fühlen, weil alles, was du gibst oder aussendest, zu dir zurückkehrt.

**1.** Schenke jedem, der dir begegnet, ein Lächeln.

**2.** Sei immer ehrlich zu dir.

**3.** Mach mindestens 1 Person ein ehrlich gemeintes Kompliment.

**4.** Gib immer dein Bestes.

**5.** Sei immer höflich und freundlich.

**6.** Mach aus jedem Tag einen unvergesslichen Tag.

**7.** Sei jeden Tag dankbar.

**Tag 1:** Halte dich an Punkt 1.

**Tag 2:** Halte dich an Punkte 1 und 2.

**Tag 3:** Halte dich an Punkte 1, 2 und 3.

**Tag 4-7:** Analog weiter verfahren.

**Tag 8-14:** Halte dich an alle 7 Punkte.

NR. 11

«GLAUBE AN WUNDER, LIEBE UND GLÜCK,
SCHAUE NACH VORN UND NICHT ZURÜCK.
TUE, WAS DU WILLST UND STEHE DAZU,
DENN DIESES LEBEN LEBST NUR DU!»

www.singleindergrossstadt.de

# QUELLENVERZEICHNIS

- Anthony Robbins, Das Robbins Power Prinzip, Befreie die innere Kraft, Berlin, 2021
- Carmen Zimmermann, Mentaler Gesundheitscoach, Handbuch zum Online-Seminar, Überlingen, 2021
- www.wikipedia.com
- Tanja Gutmann, Glaubenssätze loslassen, Drogistenstern, 2/22
- Gabriel Palacios, Hypnose Online-Kurs, 2022

Ich danke meiner Mutter Denise Holzmann für die Hilfe beim Erarbeiten der Techniken und Challenges und die mentale Unterstützung.

Ich danke meiner Großmutter Erika Holzmann fürs Lektorieren und ihre mentale Unterstützung beim Schreiben.

Meiner Familie und meinen Freunden danke ich für ihren Glauben an mich und ihre Unterstützung im Hintergrund.

Außerdem danke ich meinem Lehrer und Betreuer Herr Janir Atlan für seine wertvollen Tipps und seine Zeit.

DANKE

# AUTORIN

Noemi Holzmann

Geboren am 29.11.2006 in Bern, lebt seit 2010 in Boll (Schweiz) und besuchte die Volksschulen in Boll.

Seit dem 1. August 2022 lernt sie Fachfrau Apotheke EFZ in Bern.

# Der Verlag

## Wer aufhört besser zu werden, hat aufgehört gut zu sein!

Basierend auf diesem Motto ist es dem novum Verlag ein Anliegen, neue Manuskripte aufzuspüren, zu veröffentlichen und deren Autoren langfristig zu fördern. Mittlerweile gilt der 1997 gegründete und mehrfach prämierte Verlag als Spezialist für Neuautoren in Deutschland, Österreich und der Schweiz.

**Für jedes neue Manuskript wird innerhalb weniger Wochen eine kostenfreie, unverbindliche Lektorats-Prüfung erstellt.**

Weitere Informationen zum Verlag und seinen Büchern finden Sie im Internet unter:

w w w . n o v u m v e r l a g . c o m